지상을 날아가는 소리

지상을 날아가는 소리

이봉명 시집

도서출판 두엄

서문

새벽별과 새벽달의 사이, 어둠과 밝음의 틈새에
나를 가두는 일은 생각만큼 쉽지 않았다.
포내리를 떠나 멀리에서 바라보는 햇수를 돌아다
볼 때 여전히 작고 보잘 것 없는 모든 것들이 나를
붙들고 놓지를 않았다.
해야 할 말도 분별해서 해야 했고, 이제 좀 행실도
발걸음에 끌려가려고만 말고 더러는 뒤에서 멀찌감치,
그리고 느긋이 바라보는 여유를 가져야 하는 것을,
그리고 천천히 시를 따라가야 하는 포내리에
나는 여전히 머물 것이다

2015년 가을, 포내리에서

이봉명

차 례

1 부 _ 이름을 불러주기 위하여

2부 _ 흔들리는 바람 한 줌의 몸짓을

3 부 _ 헐거워진 내 안으로 숨었다

4부 _ 유서 몇 줄 적는다

5부 _ 괴목나무 한 그루 서 있다

1부

이름을 불러주기 위하여

입춘

겨울은
오랜 기억을 재촉하는 사내의 탁음에 퉁겨
잠든 나를 깨우며
물러나고 있다
언제나 은밀히 눈 뜨기 시작하면서
가슴속을 뒤흔들고
좀처럼 방치해 두지 않는 그의
오랜 습관처럼 늘 다가서지만
그를 맞이할 태세가 되어 있지 않은
나의 게으른 태성을 틈타
영락없이 또 겨누고
간혹 뜰 앞에 나와
무심히 바라보는 하늘빛
눈부시게 아프다
그 해 겨울에 접어 보낸
내 서른의 시린 눈빛처럼

5월에는

아카시아꽃 환한 정오의 밝은 햇살 속에
오늘 나는 낮잠을 잤습니다
바람은 시원하고
등은 아팠으나, 온몸이 나른한
이날 고단한 몸을 쉬었습니다
꽃을 따라가
들을 넘어보면
세상은 온통 꽃으로 가득하고
들에 산에 모여 있는 꿀벌의
부산한 봄날은 잠들지 않습니다
꿀벌이 나를 부지런하게 하고
근면하게 하였습니다
오늘 나는 나의 끼니의
쌀 한 톨의 가치와 반찬 한 쪼가리
버리고 흘림이 없이
하늘에는 하나님께 감사하고
땅에는 꿀벌에게 고마워하는
해마다 같은 마음으로

이 봄날의 햇살 부신 이유를
기쁨으로 바칩니다

살아서 그 몸과 마음으로
꽃을 사랑하듯 사람을 귀히 여겨서
마침내 다시 눈 뜨는
그들은 슬퍼하지 않습니다
더 높고 깊은 일치함을 위하여

텃밭에서

새벽어둠을 끌고 나가
쇠비름, 개비름, 망초대를 뽑고 나면
사이사이 비집고 자라는
들깨순이 이쁘다
칠순 어머니 손끝에 묻어나는
저 반짝이는 생명들
참깨, 들깨, 고구마, 강냉이 할 것 없이
이슬 먹고 자라는 텃밭에서
이 땅에 나만 홀로 두고 떠난
어머니, 아버지 땀방울 먹고 자라는 저 생명들
모두 푸르다

어머니 3

가마에 몸을 얹어 산을 네 개나 넘어
방년 열여덟에 시집와
일흔이 넘도록 화전 일궈 키운
절뚝이는 아들이 시인이라
동네방네 입소문 트시던 허리 꼬부라진 어머니,
시인은 배가 고픕니다
배가 터지도록
배가 고픕니다

이 또한
이 땅에서 제일 잘 난
사람의 말이지만,
배가 고프면 눈물을 먹고
눈물 같은 시를 쓰고
그 시를 먹고살라는
시인의 아내도 배가 고프답니다

저 잘난 사람들은

배가 터져 죽고요
이 못난 시인은 배가 고파 죽고요
죽는 건 매한가지지만
어머니,
당신은
배가 터져 죽는 게 좋겠지요

아버지

적상산 밑 소작농의 고백은 지상을 떠나간
뒤에도 남아 서럽도록 지겹다
늙은 전도사의 알몸의 생애는 투명하다
드문드문 켜진 마을의 등불들
하나 둘 주춤거리며 손을 내밀었다
그가 내민 두꺼비 등 같은 손을
나는 덥석 잡았다, 이 땅에 성자는 없다
어느 늦가을 새벽처럼 영원에 이르는
길 하나 열리면 온몸을 떨었다
– 뼈 있는 짐승은 뒤돌아보지 않는다
척추를 꺾으며 문을 밀고 드나들던
낡은 예배당으로
배고픈 자의 눈처럼 자꾸만
핏빛으로 반짝이며 고여 올 뿐,
살았으나 죽은 자는 아직 따뜻하다
쩍 벌린 흙의 입구까지
떼밀려온 아버지의 아버지,
아버지의 아들, 그 아들의 아들까지

눈물 없는 비애에 온통 할퀸 채
할미꽃이나 엉겅퀴의 눈부신 자홍빛으로
덮어버리는 봄날의 하루부터
다시 오지 않을 이 세상의 날을
바라보면서
누군가 문을 밀고 들어서자
별빛보다 먼저 쏟아지는
싸리 울타리 틈새로 파고드는 저녁 허기
어느 날 그는
마른 땅에 앉아 있을 거다
손으로 턱을 괴고 바위에 앉아 있을 거다
다시 무릎을 꺾고 넘어졌던 그 자리를
박차고 일어설 수 없는 그는
이 땅의 아버지와 아버지,
이 땅의 어머니와 어머니,
이 땅의 아들과 아들, 딸과 딸들

꽃이 진다

꽃이 진다
사방에서 꽃잎이 떨어진다
닿을 길 없는 그리움 겹겹이
혼자 눕는다
조금씩 흔들리는 나뭇가지들
끝까지 남아 있는 나비 한 마리
떨어지는 꽃잎처럼

꽃이 진다
날마다 이 땅의
아름다운 여자 눈썹 같은 슬픔으로

그리움에 대하여

그곳에 가면 언제나 너를 만난다
나는 것은 새떼들, 그곳에서
한 치도 물러설 줄 모르는,
빈 것은 가득 채우기 위하여
가득한 것은 나눠주기 위하여
넘치는 것은 흐르기 위하여
내게로 달려와 쓰러지는
고스란히 그대로인 너를 만난다

장날

올 봄에 꼭 사다 키우려고
장날 아침이면 개처럼 시장을
어슬렁거린다
내 속의 은밀한 비밀을 누설해가며
그 놈의 눈빛에 홀려
개 두 마리를 사 가지고
점심 숟갈을 놓기가 바쁘게 출발하는
버스를 타고, 이십여 리 시골길을
달려오다 보니, 개들이 먼저 차멀미를 한다

세상은 살다보면 어지러운 것
산골길을 달려가는 버스처럼
수많은 사람을 만나고 헤어지며
차멀미에 쓰러져 눕다가
게걸스럽게 먹었던 점심을 토해내듯
강아지의 희망과 나의 겨냥이
어긋나는 봄날 나른한 오후
저 수상한 명암을 비껴서

장바닥에 널어두고
꼭 한 번씩 방문을 할퀴고 다가와
내 발뒤꿈치를 물고 늘어지는
강아지의 날카로운 이빨을 알리
너만은 알리

새벽에 눈 뜬 자는

나는 당황하였다
성전에서 나오면
침몰하는 침상 위에 나는 눕는다
새벽 어둔 숲을 헤치며
방금 떠난 자의 온기를 더듬어
은혜가 출렁이는 갈릴리바다
상수리나무 그늘 아래
눈시울 적시며 한동안 서성이는
나는 방황하였다

죽은 사람들이 걸어 나와
손 내미는 밤의 물결 속에서
온갖 지혜는 무거운 힘을 쏟으며
무섭게 춤춘다
그리하여 무수히 알 품는 무거운 죄
예리하게 집어내어
쓰러진다
성난 어둠을 가르며 하늘로 비상하는

나는 어지러웠다

새벽 종소리에 눈뜨는 어둠
일어나는 자마다 층층이 오르는
지상의 계단
나는 두려웠다

개미귀신

모래의 어둠 속, 정적의 숨죽임 뒤에
불안은 늘 모여 있다
반짝이는 개미의 발걸음에도
순간 황당한 실수가 있다
아직 긴장의 눈초리 거둘 수 없다
슬금슬금 모래밭을 다가오는
엄청난 늪의 비밀
바람도 감지하지 못한다
믿을 수 없는 두려움과 조심성을
잠시 잊는 순간, 움직이지 못하고
눈 뜬 채, 끌려 들어가는
죽음을 부른다
세상은 온통 함정을 감추어 둔 채
때가 이르기를 기다리고 있을지 몰라
불쑥 닥친 돌연한 상황 앞에서
모든 동작을 제지당한다
여전히 꼼짝하지 못한다
뻣뻣하게 굳어지기 전까지

긴 팔다리를 버둥거릴수록
더 깊은 잠 속으로 흔들리고 만다

촛불

나는 앓고 있었다
이미 떠나버린 신은
돌아오지 않았다
이 땅의 가난하고 병든 사람들의
작은 움막에서
별은 빛나는 눈을 반짝이고
동방의 박사들은 평화의 노래를
불렀으나,
마음 속 가득 불 밝히지 않았으리,

잴 수 없는 먼 거리에서
이름처럼 다가와 서 있는
성자의 밤, 오늘 밤에
사람의 소망으로 오시는 예수는
불 밝히리, 꺼지지 않는
사랑과 평화의 눈부신
구원의 촛불을 들고

이 공간을 메우고 있는
가득한 어둠과 공포,
가난을 내어몰고
먼 들녘까지 퍼져나가는
촛불을 켜야 하리
오늘 이 밤에는,

나는 앓고 있었다
촛불의 넓이만큼
두 손을 뻗어서 닿기까지

풀

풀이 일어나 두 손 내젓는다
풀이 아닌 것은 저리 가라고
풀과 풀이 서로 손 맞잡는다
멀리서 달려온 풀은 풀끼리
서로 살을 섞으며
다만 이름 있는 하나의 몸짓으로
풀이 되기 위하여,
한 평의 자리에서도 솟아나는
여리고 힘없는 이름들,
풀, 풀, 풀……
이름을 불러 주기 위하여
풀의 몸짓으로
오랫동안 울기도 웃기도 한다
이 풀과 저 풀이 만나서
보다 빛나는 풀이 되기 위하여
풀 아닌 모든 것을 거부하는
작은 풀의 몸짓으로
소리치며 어우러져 넘어지는

그것은 풀의 발자국으로서도
그것은 풀의 색깔로서도
온 몸으로 달려가 잡고 싶은
푸른 어둠 속에 발 내딛고,
오직, 전신으로 말하기 위하여
아무도 모르는 그들의 말을 하기 위하여
풀은 풀끼리 만나서
서로를 일으켜 세운 힘
쓰다듬어 주기 위하여
유난히 푸르게 눈 뜨는 것을,

2부

흔들리는 바람 한 줌의 몸짓을

근황 1

내가 꿀벌을 만난 것은 이십 년 전
늦가을이었다
외돌아진 묘지 앞으로 이동해온
나보다 어린 친구의 꿀벌 앞에서
나는 빛나는 꿈으로 유혹 받고 있었다
실패한 부산 부전동 낡은 건물 속에서
무참히 털리고 떠나올 때
주변머리 없이 덤비지도 못하고
떼밀려 올 때
눈물도 나오지 않았다
어린 새끼를 등에 업고
그리고 뱃속에 안고 슬픔이 늦가을 노을처럼
번지던 안해의 얼굴도 기억나지 않았다
썩은 강물 속 헤엄치던 저 개구리의 꿈도
나는 부럽지 않았다
언제부터인가 꿀벌의 논리를 익히고
늙은 어머니와 아버지의
밥을 얻어먹으며

그때부터 꿀벌을 만나고 있었다
비로소, 정든 땅 텃밭에
꿀벌 몇 통을 갖다 놓고
이십여 년 동안
아들은 자라 군대엘 갔다 오고
딸은 디자이너를 꿈꾸는 꿀벌이었다
너는 여전히 팽팽히 잊었던 기억을 당기며
꿀벌로 살기를 희망하면서
꿀벌이 되지 못하는 절망을 안고
나는 자꾸만 넘어지면서

개불알꽃 피기 전후

지난 봄 내가 사둔 빈 집에 꿀벌 한 무리
날아왔다
나는 꿀벌 때문에 허리가 아프도록 바빴다
꿀벌은 빈집을 지키며 자신의 날개를 움직였다
응애 제거제를 넣기 위해 문을 열자
쏟아져 나오는 꿀벌들
얼마 전 과일나무 축축한 뿌리를 뽑고
밭을 갈아엎던 날
썩은 밤나무 둥치를 기어오르는 나보다
꿀벌이 먼저 날아와 앉는 오후
젖은 기억의 줄기를 휘감고 달려드는
숨찬 시간, 이 가쁜 호흡을 흥정하듯
꿀벌은 날개를 접어 몸을 사린다
떠난 자의 과거를 찾아 침을 쏘았다
무덤에서 일어난 아버지, 온통 저린 발에
고무신을 신는다
젖은 자리로 돌아가 숨어있던 꿀벌의
날개를 접었다

퉁퉁 부은 얼굴이었던 그림자들이 기어 나왔다
차가운 눈빛들 마을을 떠돌며 내는
함성을 들어보라
떠난 자, 버려두고 간 텃밭에 자라는
저 수줍고, 남사럽고, 혹독한, 고향의 신음소리
당신의 뜨거운 핏방울의 열기가 너무도
기다려져
흔들리는 바람 한 줌의 몸짓을
천길 벼랑으로 파고드는,

꿀벌은 간다

꿀벌은 돌아와 무덤에 비문을 새긴다
폐가의 문간에 그리운 얼굴로
몸짓으로 새기는 비문을 엮는다
주름진 계곡마다 꽃 피고 지는 일
머리 들어 사방을 둘러보면
온갖 꽃 피었다 지는 오월 끝 무렵은 차마 무서웠다
너를 이해한다고
너를 기다린다고
빈 쌀독 가득, 남은 건 다름 아닌
빗장 지르고 떠나간 쓸쓸한 벌판
생명의 자유 꿈꾸는 꿀벌이여
꽃은 우리 양식의 곳간이어라
생명이어라
하늘 보지 않고도 하늘로 열린 네 뜻
꿇어앉은 무릎을 찍어 누르니
꿀벌이여
황폐하기를 스스로 자처하는 이 땅에
돌아오라 돌아오라

뿌리박힌 것들 죄다 새 순 내밀고
곡식들 자라는 밭과 논배미마다
열매가 영글어 찰 때까지
예감처럼 날아드는 정적을 깨며
침묵 깊은 곳까지 꿀벌은 온다

꿀벌 6

이른 새벽 꿀벌 눈뜨면서
일할 시간 많지 않다는 걸 안다
기다리는 꽃 많지 않다는 걸 안다
먼저 날아와 있는 꿀벌 조심스럽게 비껴날며,
꿀샘 바닥을 닦아야 한다

꿀 나르는 봄날 동안
온 들녘을 아주 재빠르게 날아
거두는 기쁨과 잃는 것을 염두에 두어야 하는
아주 긴요한 걸 안다
선택의 여분이 많지 않다는 걸 안다
지루하던 여름 지나 눈물겹게 서로 안고
아이들과 겨울맞이 해야 한다
제 몸에서 스스로 멀어져 가는 날개와
삶의 방편을 준비해야 한다
다시 매달리지 않는 열매도
그것이 꿀벌의 슬픔이라는 걸 안다
살아가는 동안 가야할 길과

떠나야 할 길 같지 않다는 것,

꽃은 꽃으로
꿀벌은 꿀벌로 만나는 걸 안다

꿀벌 10

풀과 바위 아직도 온기가 묻어있고
모든 죽음 헛되지 않은 꿀벌
친구여, 꿀벌의 무엇이 우리로
부끄럽게 하는가
우리는 비로소 돌아앉아 술 마시고
꿀벌이여, 왜 나는 이렇게 두려운가
안다는 게 큰 절망이면
기껏 고향에 내려와
몇 마지기 논바닥에 꽂은 벼 포기들
흙 묻은 손들고서
우리는 항복할 순 없다
살아있는 게 부끄러울 순 없다
달려온 길도 끝내 꿀벌이여,
달려가야 한다
사글세로 든 칙칙한 문간방은
잠든 아이 가슴을 짓눌렀던 그 도회지
떠나서
고향의 근처에 터 잡고

사람의 모습을 가꾼다는 것
꿀벌이여, 그냥 지나고 나면
우리도 손 벌리지 않고 살
그 날은 있는 것인지

꿀벌 11
–어머니에게

모든 삶은 흙으로 간다,
세상의 품삯 모아 꿀벌 사놓고
나로 하여금 꿀벌 치게 한 어머니
이렇게 내 몸 비틀어지도록 사무치게
자식의 사이를 오가며
나는 벌을 받는다

세상의 문간마다 불 밝히어
모든 삶은 흙으로 간다, 시작도
마침내 모여 어머니에게
수없이 하늘로 달리는 꿀벌
어머니가 두고 간 말,
살아 있는 것은 다 슬픈 존재
사는 동안 속 끓이지 말고
손톱 밑에 가시 찔린 듯 아픈 게
사람 사는 일이라고

살아있는 것은 제 모습을 알지 못한다

목숨은 질기고 귀한 것, 제 목숨이라고
제 마음대로 하는 게 아니다
아내와 자식들 앞에서
눈물 보이는 일 없어야 한다는
어머니, 꿀벌 날아서 어머니에게 간다
끝없이 달려가는 무수한 꿀벌이여
사람의 마을에 살다가 꿀벌은 저만치서
언젠가 꼭 한 번 살다간 마을을 잊으려
꿀벌로 내게 있는 어머니가 자꾸 다가와
삶은 흙으로 간다, 여전히 꿀벌은

꿀벌 12

쉬지 않으리
5월의 우거진 꽃 숲을 헤치며
쉼 없이 건너서
그대에게 다가가리

넓은 들에서 멈출 줄 모르는
바람을 가르며
눈부신 햇살 쏟아지는 하늘에 떠 있는
저 꽃의 향기 따라
그대에게 날아가리

이 세상 모든 것보다 더 소중한
너를 위하여
그대에게 날아가리
무섭다고 떠나는 자 보다
다시 돌아와
어린뿌리 뻗는 그대에게
우거진 나무 사이로 꽃 피우는

당신을 아끼고 사랑하는 꿀벌이 그대를 만나리
아무 곳에도 길은 열리지 않아도
오늘 이 세상 모든 것에
창문 열어젖히고
가난한 손 흔드는 그대에게
다가가리

꿀벌 14

너는 이미 살아있는 꿀벌은 아니지
피어나는 건 모두 꽃이 아니듯
꽃이라고 다 꿀이 있는 건 아니지
벗어버려라
날아가 버려라
나는 그 가운데서 네 죽음의 모습 바라본다
네가 사랑하는 이봉명이를
네가 사랑하는 이선옥이를
소용돌이 세상으로 내몰린다 해도
그리하여 쓰러져 눈먼다 해도
한 마리 꿀벌로 날아야 한다
하늘은 알고 있지
꿀벌 살아서 숨 쉬고 있음을
꽃을 향하여 힘차게 날아가고 있음을
네가 잊은 세상과
네가 잊은 이봉명이를
다시 한 번 보여 다오
이 절박한 늦가을 빈 들판에

꿀벌이 지상을 날아가는 소리
누군가 더운 가슴에 비석을 세우며
하나 둘 떠나버린 포내리
꿀벌은 집을 짓는다
튼튼한 돌기둥 세운다
꿀벌은 영원히 살 집을 짓는다

꿀벌 16

꿀벌은 아득히 멀리 있다 꽃잎 위로 앉아
날개를 접는다 그래도 꿀벌은
제 몸의 무게를 알고 있다
꽃 마디 하나하나 이루어 만진다
꿀벌은 요리사다 꽃무리 무리져
천지에 번지면 끝도 없이 힘들어
뻰질나게 날개를 파닥이며, 모로 눕기도 한다
바람의 속도를, 거스르기도 한다
그때마다 너무 무거워
몸의 균형을 놓친다는 걸
꿀벌은 잘 안다 날아올 때 보다 날아갈 때,
엉덩이가 훨씬 가볍다는 것도
꽃이 필 때보다는 질 때
발걸음이 분주하다는 것도 잘 안다
이전에 내 핏줄을 거슬러 다니는 꿀벌
공연히 과욕을 부리기라도 하면
꿀벌은 금시 날개를 멈추고 몸을 낮춘다
때로는 훨씬 두려워

아무데나 주저앉아야 한다, 꿀벌은
멀리 날아서 꽃잎 뒤에 숨어서도
봄의 구석구석을 가만히 즈려 밟는다
한 시절이, 꿀벌의 몸짓을 떠나
결국은 또 꿀벌인 것을

꿀벌 17

나는 대여섯 살 때 어머니를 잃고
아버지는 꽃상여 뒤를 따라 가다
다른 데로 장가들고, 덩그라니 남은
토방 뜰 앞, 할머니 손에서 날아간
꿀벌의 싸느란 침에 쏘여 울고

서까래 끝에 매달린 한 무더기
꿀벌을 할아버지는 작은 집 처마 밑에 앉히고 돌아오던
우엉 뿌리 깊이로 서 있었다. 새엄마한테
혼나고 집에 들어가지 못해 처마 밑을 파고
앉아 있는 퉁퉁 부은 눈, 그런 날은 꼭 손톱 밑에
가시 박히듯 꿀벌들 영락없이 새엄마대신 머리통을 쏘았다
꿀벌 한 마리 빙글빙글 꿀을 찾아
토끼풀꽃 아래까지 왔다, 온 김에 분주하게
뒷발 비벼대더니 무언가를 뭉치고
잽싸게 날아가 버린다

꿀벌은 제 젖은 날개를 감추기 위해 저리
높은데
그 꽃 위에는 아직 피지 못한 여린 꽃잎을
제 맑은 눈으로 지긋이 바라보다가
나보다 아프게 날고 있다

꿀벌은 꽃을 향해 날 때면
내가 달려온 거리보다 몇 십 배 더 많은
시간을 건너가고
여섯 발부리에 성큼 가서 날개를 접는다

꿀벌 19

아버지는 그해 내내 죽만 끓여 드셨다
빈 집에서 자란
서늘한 날개의 꿀벌
내 나이 열한 살 무렵, 어머니는 너무 일찍
저 세상으로 떠나 가셨다
빡빡 깎은 머리의 내 친구 종만이는
온 몸에 벌에 쏘여 처마 밑에 쓰러져 있었다
삼 년 묵은 된장을 온 몸에 바른 채 들것에 실려
나갈 때 처마 밑을 붕붕 거리던 꿀벌
그 날은 나도 따라 몸이 쑤셨다

꿀벌은 날개를 바지런히 놀려
꽃잎 속에 앉았다
이파리 위에는 아직 피어나지 않은
꽃들의 여린 봉오리가 눈물처럼 맺혀 있었다
꿀벌 앞을 지날 때면
내가 쉰을 넘긴 세월보다 더 깊은 전율이
몸을 감싸고 뾰족한 침의 끝이 먼저

내 뒤통수를 겨누곤 한다

꿀벌을 찾아서 4

꿀벌은 야트막한 산을 헤맨다
저무는 산골마을 더듬어 사라진 꿀벌
찾는다고 한다, 사람은 어둠이 짙어지기 전
마을에서 놀던 어린새끼를 찾았다고 말한다
마른땅에 찍힌 흔적을 만나면
영락없이 지나온 일들 그리워져
목숨처럼 서로 부둥켜안고
사람이 그리워진다고 말한다
풀밭에서 한 사내가 쓰러져 있다고
서서히 무너진 날 속에
잊혀진 여자가 서 있다고
희미한 기억의 저쪽에서
네가 오고 있다고
아프던 다리 옮겨 디디며
그들은 손 흔든다
푸른 강물이 되어 흐르고 있다고
세상의 빈 의자에 앉은
그대가 보고 싶다고

거기 서서 꿀벌 울고 있다

꿀벌을 찾아서 6

꿀벌과 함께 있지 않다면
나는 아무런 일도 하지 않고
먼 산만 쳐다보는 망부석일 것이다
내 곁에서 항상
5월 푸른 하늘 날아서
오직 꿀과 밀납, 꽃가루를 모아
내 쌀독을 채워주어서
간혹 쓸데없는 꿈도 꾸게 하는데
나는 아무 곳이든 눌러 살고 싶어지는데
꿀벌이 그런 나를 용납할지 모르겠다
새벽 술을 마시고 돌아와
무턱대고 소리 지르며 울다가도
아침을 깨우는
꿀벌과 함께 있지 않는다면
벌써 피골이 상접했거나
살구나무가지에 목을 맸거나
뿔뿔이 흩어진 가족을 찾아다니다
길거리에 나동그라져 죽었거나

뭐, 그런 생각이 들면
온몸이 굳어져오는 것이다
나의 이 깜깜한 밤길을
희미하게나마 밝혀준
꿀벌들 내 앞에 버티고 서서
손 내미는

꿀벌로부터의 가을

삶 앞에 냉정해지는
죽음 앞에서 더욱 무력해지는
하나의 존재에서 끝없이
이탈할 수 없는 낮의 길이를 가늠하며
내가 너로부터 부재할 수밖에 없을 때
신이여, 우리를 버리소서
버림받은 영혼을 모아
푸른 하늘로 띄우면, 새벽마다
풀잎에 어리는 서릿발이려니
너의 혼백은 주야로 하얗구나, 수컷이여
흰 것은 어둠을 지우려는도다

그리하여 가을부터 봄을 예감하며
긴 겨울 서두르는 동안
쓰러진 자의 얼굴로 잠시 쉬어가는
신의 모습을 보았다
오직 눈부심의 날들
빈 꿈 하나 키우려니

어제 날개 접고 앉아 당신을 부르다가
긴 밤의 숲을 지나
너를 보았다

어머니, 잠시 쉬었다 갈 세상에서
우린 몸부림으로 살아냈지요
속히 떠나려 하나, 생명의 은밀함이여
존재치 않음이 없었고, 우리가
아무것도 가져 온 것 없어도 그냥 갈 수 없도다
누구든지 큰 이익을 찾아
봄부터 가을까지 살았으므로

꿀벌의 가을

꿀벌이
쇼팽의 즉흥곡으로 내려앉는다
활짝 핀 꽃 속에
가득히 남아 있는
한 방울의 메밀꿀

메밀밭의 주인은 보이지 않고
가을의 기운이
메밀밭의 둘레를 감싸고 있다
풀벌레가 초가을을 노래하며
먼 곳으로부터 안착하는
꿀벌의 날개를 접을 때
품어줄 수 있는
따사롭고 풍성한 가을에게로
꿀벌이 맞는 놀라움
들리지 않는 소리가
꿈을 데리고 온다

꿀벌의 가장 깊은 꿀주머니에
안식의 평화를 담아 들이는
이 신비한 자연
꿀벌은 여명처럼 밝아오는
햇살을 널어놓고
스스로
모두 나누어준다

늦가을에
–수필에게

이게 꿈은 아냐
아직 덜 깬 새벽잠은 남았어
삶이 불현듯 두렵고
찬 기운이 살을 파고들면서
지금
너무 몸이 지쳐버렸어

초겨울
나뭇잎이 모두 떨어져버린 가지에
붉은 감 하나 외롭고
꽃대궁을 흔들지 못한 바람결
차츰 몸을 파고들면서
하나씩 밖으로 나와
빛살 아래 몸을 눕혔어

나도 살아있다고
나의 길이 있다고
나의 몫이 있다고

터무니없이 내몰려 쫓겨나와
부끄럼도 잊은 채 몸부림치고
온몸이 떨려 일어나면
늦가을 하늘은 높아
푸르다

벌꿀 2

어떤 꽃에서 퍼왔느냐고
묻지는 못했다
들에서 산에서
깊은 산골 이름 없는 꽃에서
얼마나 애 끓이며 퍼날랐으면
맑고 붉고 투명하다 못해 달콤하기까지 하던
꿀은
봄이 가고 여름 가고 가을의 끝자락에 이르러서야
순명처럼 깊어지는가
겨울 내내 나무뿌리 끝에 매달린 수액처럼이나
안쓰럽고 그윽한 결정 같이나

3부

헐거워진 내 안으로 숨었다

가을

한 번
땅에 떨어진 꽃잎은 나비가 된다
하늘 문 여는 그 날개
그물에 걸린 빛살을 흔든다
숲은 바스락거리며
바람을 깨우고
새들을 깨우고

한 번
하늘로 오르는 꽃잎은 사람이 된다
낮은 사립문 닫으며
촘촘히 그물 꿰매는 손
세상은 바스락거리며
힘없는 아이들 가슴을 깨우고
하마터면 스치고 지나칠 뻔한
외로운 이의 어깨를 만지고
때가 왔으니 서둘러야 한다
철 지난 들판의 낟알을 거두어

어디선가 혼자서
일어서지 못하는 힘겨운 자를 깨우고
고향으로 가는 길을 찾지 못한 그들을
만나야 한다

한 번
떨어진 그대는 무엇이 되어야 하는가

사람에 대하여, 상처

너에게로 가는 삶은
나에게로 오는 상처이다
상처는 결별, 결별은 상처에서 온다
그 상처 속에 기쁨이 있고 웃음이 있다
상처는 빠르게 오거나 급하게 온다
꿀벌 한 마리 금시 꽃 한 송이를 스치고 가듯
지나쳐 가는 것
늘 꿀벌은 어딘가를 날아가는가
상처는 무거움, 그 무거움 속에
꿀벌과 상처의 뜨거운 흔적이 있다
저 벌통의 소문을 들고나는 꿀벌
그것을 어찌 상처라 할 수 있으랴
그러니 꿀벌들, 아주 날렵하게
작은 마당골이나 숲골 날망을 날으며
한때는 황망함이라 말하지만 봄날의
한나절은
순식간에 지나쳐갔을 뿐
꿀벌들 한 번도 날개 접은 적이 없다

꽃잎 상처처럼 자꾸 분분 날려도,
아버지 적 논 서마지기 머슴과도
같이, 아직 벗은 신발을 들고 물집 터진
발가락 사이로 핏물처럼 번지면
눕게 되는 부러진 뼈마디의
잊었던 푸른 잎사귀의 상처를 본다

개와의 결별

한 마리의 개와 헤어지고
또 한 마리의 개를 만나기 위하여
시장을 어슬렁거리네

개들은 슬픈 눈으로 나를 바라보네
앞서 헤어지고, 새로운 헤어짐을
꿈꾸는 사람을 바라보네

헤어짐은 슬픔이 아니라네
새로운 만남을 위해서일 뿐
만남도 기쁨이 아니라네
헤어짐을 위해서일 뿐

잠깐 사이 세상에서
일어나는 순간이라네
아직도 단념할 수 없는 꿈을 꾸는
인간의 장난이라네

한 마리의 개와 헤어지고
두 마리의 개를 만나
나는 종일 시장을 어슬렁거리네
개를 만나기 위하여
개와의 결별을 위하여
어슬렁거리네

새벽

몸속의 뿌리를 잘라내고 싶다
그러나 더운 심장이고 싶다, 피보다 더 끈적거리는
무엇이고 싶다
여자의 머릿결보다 더 보드라운 흔들림으로
간절하고 싶다
내 이름을 부르는 목소리로 떠나가리라
길도 하늘도 보이기 시작하는
이 새벽을 따라
벌레 한 마리 걸어간다
만상의 뿌리들 자라 넘실거리는
시절은 봄날이지만
아직 어둠 속의 씨와 촉수를 안에 견디며
마을에 닿는 길을 따라 내려오면
풀숲에 남아 있는 온기
삶의 어느 한 순간에 이렇게
뿌리 뽑히고 싶기도 한 것인가
새벽을 따라 가다보면
어디쯤에서

바람의 뿌리를 만날 수 있을까
나는 더 머나먼 곳을 향하여
가고 싶은 것이다

산에 올랐다

오랜만에 마당골 밭에서
숯골 가는 산길로 탔다
좁고 가파른 길로 줄곧 올라가다가
샛길을 탔다

이곳저곳 좁은 길을 거쳐
산짐승이 자주 다니는 가파른 길을 가며
돌배나무 밑 덕석바위도 지나고
멧돼지 동굴도 지나고
어린 인민군이 목매단 늙은 소나무도 지나고
봄이면 고사리 꺾다가
아랫마을 천섭이와 그 뒷집 만숙이가
연애건 자작나무 숲을 지났다
참나무 숲에서는 탱글탱글한 버섯들이
기분 좋게 담뿍 자라는 걸 보고 서 있었다
그러는 사이 산 너머 바람은 칠부 능선을
지나서 마을을 타고 내려가는 안터에서
한참을 서성거리는 걸 보았다

하늘을 빼고는
이미 내가 다 등산삼아 다녀본 곳이다
하얀 구름숲을 지나면서
백운, 향로, 향적, 적상산을
다시 한 번 다녀온 것만 같다
안국사도 다시 다녀보고
송대폭포에서 찌든 때도 씻어보고
반백을 훌렁 뛰어 넘어온 것 같다
두 발로 다시 갈 수 없는 곳이 어디랴
싶어, 무릎을 다시 구부려 보기도 하면서
산을 올랐다

바람

무시로 마음이 아프다
양껏 살아왔다, 나는
흔들리는 바람 한줌에도 부끄러운 게 너무나 많아
지금까지 걸어갈 길 위로 또 길이 보이지 않는다
어디로든 떠나야 한다
내 시야에서 모든 것 하나 둘 옷을 벗고
성큼성큼 서둘러 발걸음을 옮기고
마음이 아프다, 마음을 산산조각 내고 있다
한때는 남루한 이름들 속
헐거워진 내 안으로 숨었다

아득히 보이는 초췌한 얼굴들
얼굴 붉힌 것도, 서툰 손짓도,
나를 수척해 배 아프고 안절부절못하게 했던
고통의 모퉁이들 여전히 항시 다가오는
것들과 형형색색으로 번져 늘어가고 있다
분명히 살아서 죽은 자의 이름을 부르는 자여
산지사방에 흐드러지게 핀 꽃 속에서도

날개를 접지 않은 꿀벌이여

아들을 기다리며

아들을 기다리며
하늘을 본다
푸르르기만 했던 하늘에 먹구름이 떠가는
고향을 달린다
뼈를 묻고 살자던 어머니의 굽은
허리 살이 빠지면
날렵해 질 것이다

양자의 아내로 족보에 오른다
굽은 길 굽은 허리로 멀어져 가는
발자국 소리를,
희망도 없이 듣는다
누워 있는 풀잎처럼 돋는다
미처 일어서지 못한 건
껍질을 벗고 눕는다

어머니는 안다, 다시 날아오르지 않는
새의 둥지 속에서

부화시키지 못한 알의 고통과
지친 육신을 눕혀 놓고
어머니는 당신에게 말한다
어느 날 예기치 않게
침묵으로 돌아와 흙이 되었다
상처받은 영혼은 쉽게 눕는다
아들의 희망이 땅 깊이 묻힌다, 포내리에

운동장

긴 그림자 드리울 때까지
아이가 아주 비워놓고 간 운동장에
꿀벌을 내려놓고
나 어릴 적 운동장을 생각한다

청백으로 힘차게 달리고 겨루던
가을 운동회를 쓸쓸히 창틈으로 바라보던
눈망울 큰 나를 생각한다

지금은 아무도 없는 운동장
밤이 깊을수록 아이들의 함성 다가오고
달빛만 깊게 젖어드는 한가운데
살아온 길 아득한 아내와 우뚝 서서
그 때의 운동장을 얘기한다
풍금소리 맞춰 온몸체조 하는 아이들
코스모스 하늘거리는 눈망울로
몰래 바라보던 운동장
어른이 되어서도 뛰어보지 못한

문을 닫은 그 운동장에 서서
밤이 깊도록 운동장을 생각한다

운동장 한가운데를
성큼성큼 다가오는 그림자 하나

가을 오후 2

정확하게 서로 겨눈다

가까울수록 줄 당기는
한낮의 흔들림,
어둠처럼 뒤에 숨어서
날 세우는 갈증
초경처럼 번지는 흔적
내 손에 놓여 있는 중심을
던진다. 바로 거기 온통 피 흘리고 싶은
꽃을 겨눈다

그때, 다시 우리들의 노래

너에게 눈을 피하며
나의 가슴을 만진다
항상 나도 웃을 수 없는 먼 날
아주 미세하게 흔들리는 그것도 사람의 일
정말 나의 사람들 아프게 그리던 일
지금 내게서 너에게로 보낸 이 떨림
다시는 기억할 수 없는 것들 기억하지 못할 때
이제 어디서부터 이 일을 접어둘까

처음부터 사랑이 눈 뜨면, 침침하게 여명을 걷고
사실상 그림자 드리우지만
여전히 몸 사리는 것, 속에서 내가 사는 일
처음 내 가슴의 눈을 띄운 여자애를 만나면
숨기지 않고 고백하려했던 얘기, 그 숨 가쁜 의미들
차츰 기억 속으로 흘러 보내고
강물을 적시며 빛이 젖는 걸 나도 보았다
사람은 사람을 신뢰하는 일이 싫어지면서
자연을 죽였다

버림받은 자의 눈빛이 빛날 때, 정작 사랑은
사람 사이에서 슬그머니 몸을 빼면서 틈 사이로
비집고 관망하는 일이 잦으며
자꾸 서두르는 성급함을 보이는 것 또한 서툴고
세상에서 수시로 일어나는 끔찍한 일이 터졌다
나는 낮술로 세상을 흔들고
나의 곁에서 늘상 잔소리를 챙기는 일로
살아가는 나의 비늘을 반짝이며
또 다시 시작하는 이 뜨거운 열기를 잡아
잠시 내 일상의 초점거리를 모아 보는 일
여전히 흔들 수 없는 건, 그 속에서 내가 자리하는 것
갑자기 돌부리에 넘어져 우는 아이
아직도 우는 아이가 있었다니

곁에서 몇 번씩 용서를 빌던
나를 미워한 여자가 보고 싶은 날
그림자를 지운다, 이런 작은 슬픔 속에서 뿌리 뻗으며
미세하게 수액을 끌어 올리는 나무의 그늘 밑에서

다리를 뻗으며
나도 너처럼 늘상 세상에서 사는 걸
잊지 않는다, 눈물로 떠나던 날, 비에 젖어
얼굴을 흠뻑 적시던
이제 다시 네게로 보낼 편지에 우표를 붙인다
마지막으로,

해후

어두운 밤거리 당신을 만나면
나는 나의 젖은 가슴을 밤새도록
말리고자 그대에게 갑니다

당신의 무거운 침묵 속에서 내게 던져주는
달콤한 언어에 귀 기울이며
나는 당신의 보드라운 살결 더듬으며
깊은 잠자리에 눕습니다

당신의 따스한 눈빛 스치면
그리움에 젖어 어느 바닷가로
달려가서는 철없는 아이마냥
물속으로 뛰어 들어가 자꾸만 자꾸만
바다 끝으로 갑니다

출렁거리는 물결소리에
나는 당신의 음성보다도 깊이 가라앉아
세상에서 슬픈 소리와 기쁜 소리와

환희의 환호성에 눈뜨는 어린
아이의 칭얼거림을 듣습니다
아무런 날이면 어떻습니까
그대를 만날 수 있다면

저물 무렵

저물 무렵 아들이 돌아왔다
어둠이 세상을 가리고
마을 한쪽에서부터 전등불을 밝히면
떠나가는 사람의 뒷모습이 더욱
어두워진다
사람은 준비 없이 어둠을 만나고
떠나는 자도 안심하지 못한다
헌옷을 챙길 일도 없다
지난 것은 그대로 그 자리에 있으면
곳곳에서 눈물을 감추지 못한다
낡은 가구들이 쭈뼛쭈뼛 울음을 삼키고
무엇이 살아서 영원히 떠나지 않을까
아들이 돌아왔다. 군복무를 두 달 앞두고
아직 살아 있는 자와의 이별을 위하여
검게 탄 건강한 육군병장 아들의 어깨를
껴안고 저녁 무렵 어둠이 감추는
세상과 작별을 서두른다

모든 이별은 저녁 무렵이 좋다

어둠 속에서

이 땅 모든 형상은 일체의 빛을 자른다
어둠의 한복판에서
그냥 지나치는 꽃의 흔들림
눈빛 찬란히 빛나는 밤
골목 어귀에서 쓸쓸히 주고 가는
가난한 자의 당부 말씀
은밀히 목덜미를 노린다
이 땅의 모든 형상 앞에서
눈물 흘리지 않는다
이제 나도 이슬처럼 무게를 견디며
풀잎 사이 떠도는 빛을 떠나
아무것도 움직이지 않는다
번쩍이는 어둠의 속살 감추고
야윈 손을 흔든다

어둠 속에서 허우적거리는 빛
해질 무렵부터 축축하게 젖어
엉금엉금 세상으로 돌아와

찰랑이는 눈빛
너의 심장 노린다
너의 가장 깊은 데까지 침투해오는
그대에게, 비밀처럼 몸 푸는 눈부신 어둠
실로, 꽃은 어둠을 두려워하지 않는다
무시로 피었다가 눕는다

4부

유서 몇 줄 적는다

입동

겨울이 오면 떠난다
내가 사는 마을 가까이
타오르는 바람이 불 때마다
나는 흔들리는 것을 흔들며
더욱 가까이 접근 한다
지금, 내가 떠날 때
떠난 자리에서
그저 평온한 가슴으로 지켜보고 싶다
가지런히 서로의 몸을 끌어안고
눈이 내리지 않는 겨울 오후
여지없이 내 말허리를 분지르며
자꾸만 손짓으로 부르던 아득한 시간 속
보잘 것 없이
그 많은 그리움을 하나도 챙기지 않는
치밀히 계획된 신의 시간
겨울 오후, 눈은 내리지 않고
온 몸으로 강물을 적시던 저놈의 눈초리
잊은 듯 돌아와 다시, 돌아보던

어둠 속은 깊어지고, 늦도록 바라보고 있으면
그대 가까이
풀어지던 빛깔들

겨울밤 2

그 해 그 지겹던 굶주림을 잊지 못한다
거리로 나서면 아직 어린 일꾼들
가난과 두려운 얼굴로
어둠을 밀었다
아무렇게나 널려진 집으로
그날 밤 눈이 내렸다
아버지가 불러온 가난과
어머니가 챙겨둔 부끄러움을
아이들은 잊은 채
싸늘한 아랫목에 잠들고
소리 없이 소리 없이 밤이 깊었다
비겁하게 세상을 탓하는 일에
익숙하지 못한 건 순전히
밤이 무섭기 때문이었다
배고픈 아이들이 잠 속에서 울고
나는 아무 말도 할 수가 없다
긴 밤을 뒤척이다가
수북이 쌓인 눈길을 쓸어야 하는 일

모두가 쌀밥으로 보이는 눈 내린 밤
아이들이 자꾸 운다 그리고 그들은
꿈속에서 외친다
슬픈 것 아픈 것 추운 것 다 잊을 수 있어도
배고픈 건 싫다
가난은 부끄럽지 않아도
허기진 밤이 깊을수록
자꾸만 무섭다

첫눈 2

흰눈이
그대의 눈썹 위에 내려앉는다
텅 빈 운동장에
몇 그루 남아 있는
늙은 느티나무 가지

아이들은 보이지 않고
내내 뛰놀던 발자국만 남아서
나무의 둘레를 돌고 있다
바람이 흰눈을 따라 불며
먼 곳으로부터 도착하는
오후 그러한 때,
잡아줄 작은 손이 없는
이 무명의 이름에게
멀리 떠나갔던 꿈을 데리고
흰눈이 온다

선달 초사흗날

사람의 가장 깊은 곳으로
침묵처럼 내리는
금붕어 비늘이 되어 반짝이는
나의 기억 속에서
환상의 나비를 띄우고 있다

첫눈 3

흰 눈이 되어
흰 눈은 百花의 눈부심이 되어
다시 우러르는 하늘
그 수직의 날개를 접고
차고 투명한 나뭇가지 끝
이리도 눈부시게 떨리는
희열의 잔치에
마지막 한 잎을
은빛 비수로 베어내는가
늙은 느티나무 가지마다
문득 돌아보면 기척도 없이 따라나서는
잠든 오랜 벗이여,
어느덧 그대 앞에
아, 이 새벽 함께 손을 잡고
가슴에 와 안기는 것
네가 처음 떠난 낯선 거리에서
잊었던 푸른 잎사귀의 상처를 본다

먼 곳에서 신이 돌아오고 있다
우리는 아직 벗은 신발을 들고
겨울 내내
저만치 흔들리는 바람처럼
얼어붙은 강으로 달려가
불을 밝힐, 흰 눈이 되어
내린다

눈이 내리면

길을 떠난 신은 돌아오지 않고
나뭇가지에
작은 겨울새의 깃털처럼
눈이 내린다

지난 날 내가 다리를 절며
걸어온 길목부터 시작하여
지금, 낯선 마을 입구까지
흰눈은 옛날의 기억처럼 쌓이고
그 영혼의 울타리를 치며
목이 마른 나는
양 어깨에 눈이 내리면
아픈 비밀이 고이는 날
너의 깊은 눈동자 속에도
눈이 내리면
어둠 속에 등불은 잠들고

오늘은 성급한 늙은 시인처럼

겨울 나뭇가지에
몇 줄 시를 걸어둔다

그리하여 어디론가 길 떠나고
문득 죽은 자의 그림자를 밟으며
그에게로 가고 싶다
눈이 내리면
비로소 눈 뜨고 귀를 열어
먼 하늘나라로부터,

겨울나무처럼

강물은 산꼭대기에서부터 흘렀다
고라니의 발자국을 따라
마을에 닿으면, 이백 년 전
사내의 무릎을 분질러버린 계곡으로
흐르던 강물, 강은 시작되고
굴참나무껍질을 덮고 눕던 마을 가까이
늙은 모자의 빛바랜 이불호청처럼
살아남은 자의 손등을 적시던 그
강줄기를 얼마나 오래도록 바라봤던가
정말, 우리는 죽어서도 만나야 했다
죄인처럼 고개를 숙였다
문 밖에서 오돌오돌 떨었다
구멍 난 몇 겹의 삭은 옷깃으로 파고든 찬바람
흔들릴 때마다, 부러진 뼈마디 소리
어디서 물든 옷자락을 흩날리며
때로는 따뜻한 구들장 아랫목을 그리워했다
유리알 같은 하늘이 높아도 좋았다
바람이 불고 눈발이 날려도 좋았다

살아 있는 자는 한없이 몸을 떨었고
마냥 좋았다

겨울강가에서

아무리 길을 떠나도 발길 닿지 않는다
아무리 발길을 재촉해도 끝은 보이지 않는다
한 삼년 뛰어서 나는 아직도 남은
삶의 모서리를 딛고 일어서서
이르기엔 부족한 나의 갈비뼈
아직도 몇 개 더 부러지고 말 뼈
지난 시간의 속살은 무엇이길래
오늘 하루 내내
바람은 그치지 않는 걸까
새벽길을 아득히 바라보면서
재빨리 나는 미처 받아들지 못한
유서 몇 줄 적는다
나는 버렸으므로 가는 길을 버리고
아무도 보지 못하는 늪에 빠져서
다시는 돌아 나오지 못하는 것을
이미 때는 늦었으나
쉰이 넘어서도 돌을 던지는
강물은 강을 떠나고 있다

우리의 사랑도 변하여, 이제는
목마른 가슴으로 출발하여 버렸으니
얼어붙은 강바닥을 기어
누군가를 뜨겁게 사랑하지 않으면
아무도 볼 수 없는 잊어버린 것들
거기 그대로 앉아 있고
단단한 씨가 한 개씩 묻히어
가만히 생각하는 변두리의
아, 얼마나 껴안아야
빛나는 눈물방울
보았을까

겨울 숲 속에서 2

신이 저 산그늘 밑에서
아직 떠나지 않고 있다

새벽, 어둠에 갇힌 집들은
문득 달려 나와 빈 나뭇가지에 걸리는
섣달 스무여드레 그믐달
그 여린 달빛에 수줍게 몸을 드러내며
문을 열고, 부서지면서 우리는
가장 긴 그림자를 뒤에 남겼다
마을은 굴뚝마다 연기를 피워 올리며
반대쪽으로 사라지고,
문을 열면 모든 길은 먼저 들로,
산으로 뻗으며, 게으른 사내들을
일으켜 세운다
새벽은 굳세다
먼 숲에서 나무들의 삭정이 끊어지고
조금씩 흔들리는 숲은 펄럭이고
아무도 살을 드러내지 않는다

숲에는 아직
잠을 깨지 않은 새들의 숨소리
하루뿐인 짧은 그들의 잠자리
반짝이는 잠을

여전히,
누군가 저 숲속에서
아직 떠나지 못하고 있다

겨울 산

아득한 것은 형체를 바꾼다
뜨거운 것은 흐르고 흘러서
닿을 수 있는 곳까지 닿아서
지나치지 않는다
그대로 서 있어서 무겁다
무거운 것은 침묵한다
비인 공간을 채우고
어깨 너머로 반짝이어서
눈물 같은 언어로 말문을 열더니
마을로 다가선다
지친 마음에 자리 깔고 눕더니
아득하게, 뜨겁게
솟구치는 팔뚝을 걷고
사람은 산을 닮아서
산은 사람을 만난다
서로의 모습을 바꾸고
돌아앉아 겨울이 가면
아득한 것은 형체를 바꾼다

5부

괴목나무 한 그루 서 있다

고향, 포내리에서 1

논둑길을 가로지르며
새를 쫓던 날이 있었다
하나 둘 냇가로 멱 감으러 떠나고
동생과 논둑에 앉아 새를 쫓던
어린 날의 오후,
엎드려 엉덩이 몽둥이로 때리던 형의
눈빛을 피해서
저녁노을 짙어지면
참새 떼가 우르르 몰려와
잘 익은 벼이삭을 쪼던
수탉이 달려들어 벼이삭을 따먹던
마을 앞 논두렁이
왜 우리는 참새와 닭 새끼들 때문에
맞아야 하는지도 모르고, 마냥
슬퍼서 저녁을 굶은 채 잠들었다

어머니와 아버지는
엇갈린 책망을 주고받으며

잠든 아들의 등 뒤에서
담배만 뻑뻑 피웠다
삶은 억압당하는 자의 몫이었다고
당치도 않는 생각을 하면서
또 다른 초가을 하늘을 뜨겁게 달구는
꿈속으로 뛰어들었다
빈속으로 울먹이며 잠든 아들의
엉덩이 밑으로 어머니의 손이 들어왔다
나는,
언제나 어린 동생과 초가을
햇볕에 그을린 깜둥이로
논둑에 서성이는
이미 어린 나이에 허수의
아비가 되었다

고향, 포내리에서 2

그대를 꿈꾼다 한 여자의
슬픔 이루지 못하고
뜬금없이 길을 가로막으며
새벽마다
어긋나는 정체를 확인하며,
혼불이 되어 들판을 활개 치는
저 무서운 기억을 안고 쓰러진다
온통 밤 마실 떠나버린 밤이면
어린 영혼만 불 밝히는 하늘
어린 혼이여
허공에서 빛나고
날이 밝기 전 떠나야 한다
마을 입구에서부터
긴장의 줄을 당기는
우리의 꿈은 허약했다
곳곳에 숨어있는 신들이
길을 막으며 덤벼,
스스로 놀라

마을은 개 한 마리 짖지 않은 채
무서웠던 그 고샅길에서
문득 눈 큰 짐승의 눈빛이 그리웠다
어둠의 속살을 드러내
고향도 예전과 달랐다

고향, 포내리에서 3

마을을 떠났다
입구에서 뛰어나와 떠난 마을
몇 미터의 거리에서
헤어졌던 작은형의 뒷모습
청춘은 이별처럼
더욱 아득해 왔다, 고독처럼
마을을 떠나와서는 결코
어머니 때문에 울지는 않았다
정말, 떠날 때보다
떠나 와서 바라보는 마을
아쉬운 여행의 길목에서
바라보는 마을
서둘지 않고 살아온 모든 흔적이
마을에 닿아 있을 때
내게서 떠나 있는 마을을 바라보는 일
어머니가 보고 싶어도 울지 않았다
아직은, 무거운 어깨에도
잘 참을 수 있으리라는 생각에

자꾸, 곁눈질해 보는 일
바라볼수록 다가와서
나를 껴안는다

고향, 포내리에서 4

괴목나무 한 그루 서 있다
가슴을 다 드러내 놓고
무성했던 잎사귀 그리워 하다가
결국 뼈만 남은
그 나무 고향에 서 있다
오랜 기억을 그리워하는
마을 입구에 늘 그렇게 서 있는 그 나무는
마을의 많은 얼굴 간직한 채
죽은 할아버지의 손마디 굳은 뚝살처럼
괭이와 삽과 도끼날의 빛나던 눈부신
젊음을 그리고 있다
나이를 버티고 엎드려 잠들지 않은 채
고향의 그 나무 – 늙은 괴목나무는
처음부터 그냥 무너지기 싫어서
지켜주기로 한 약속을 품고
심장을 밝혀줄 해와 달,
죽은 어머니와 아버지의 손때 묻은
껍질을 부둥켜안고

그냥 거기
서 있다

포내리 마을

포내리는
덕유산에서 내려와 갇힌 마을
잔잔한 물 속 깊이 누웠다

모두 떠나버린 터전
어쩌다 한번 돌아와
사납게 부는 바람도
물결처럼 퍼지고
모두 떠나와 눈물 뿌리며

칠월 백중을 지나서
뿔뿔이 흩어졌다 모여
결코 서툴지 않는 낫질로
무성한 무덤을 덮고 있는
아직은 무거운 침묵

슬픈 세상의 깊이만큼 가라앉는
세월을 버리고

산허리에 걸려

돌아눕는 마을 아무도 모르게
꿈을 꾸며 가라앉았다
마을을 기억하는 사람은 모두
떠났다, 잃은 것도 없는
포내리는

포내리 1

풀잎이 일어나 아우성치고
바람이 쓰러져 눕는 땅
버린 자의 빈 가슴을 건너
용서하지 못한 죄
이 세상 어디서나 잠들지 못하리
아무도 모른다고 부인할 때
한 번 쓰러진 풀잎이 일어나
바람을 안고 넘어지면
그리움 하나만으로도 살고 싶은 땅
그대는 이제 어찌할거나
만남은 헤어짐을 말하지 않는다
슬픔에 부딪혀 깨어나면
무너진 성벽을 타고 결국 돌아서는 걸
포내리는 지금 아는가
언 손으로 악수를 건네는 그대 가슴을
허물어진 성곽의 숲을 지나
바람 부는가, 지금 포내리는

포내리 2

어둠이 완전히 마을을 덮으면
돌아앉아 문득 어머니의 풀어진
가슴 지나서
내 어깨를 따뜻이 감싸는 온기
세상 밖에서 바라봤던 것처럼
그대는 별이었다
누군가 늘 갖고 싶었던 흔들림 없이 빛나는
뿌리

포내리는 말문을 닫고, 그렇게 거기 있었다
느리게 푸르게 흘러서
바다로 가는 강물처럼
흔들리지 않으면서

남아서 지키는 자가 외로운 것

포내리 3
–까마귀의 노래 1

뜨겁다

내가 그리워했던 그들
모두 어디론가 떠났다
누구나 한번 다가왔다 간
그 몇 날의 봄
수 없이 모두 날아갔다
사람의 가슴속엔 언제나 까마득하게
눈물 떨어지는 순간
문득 흔들리는 자의 날개는 무겁다 그리고……

포내리 4
-까마귀의 노래 2

이제야 알았어
나의 이름 부르는 이의 속마음을
눈부시게 영그는
먹음직한 열매들, 속살 차오르는 날
흔들리는 세상 가까운 곳에서
그대를 만났다면
나를 부르는 자 곁에서
아직 눈치 채지 못했어
희망의 급소 겨냥하여
기다리는 동안 너에게 가고 싶었어
아주 오래 전부터 멀어진
그리하여 간격을 좁히지 못하는
희망은 어찌하여
자꾸 쓰러지는지
내 모든 길 차단하고
지독한 환각 상태로 날아가서
부서지는 빛으로 뒹굴었어
저 빛 조각의 크기만큼

꿈꾸며 다시 날았어
마침내, 하늘을 가르면서
나 혼자 몸을 살랐어
새 한 마리로 지상에 뿌리 뻗으며
닿고 싶었던 거야, 지친 기다림을
이제야 알았어

포내리 6

나는 안다, 떠날 때보다 돌아와 바라보는 것
얼마나 아픈지를
누군가 함부로 버린 땅에서
물살처럼 소용돌이치는 뜨거운 분노를
아득히 먼 길 떠나려는 자
낯 선 땅에서
달려오면 한 생각이 나를 때리고
지나간다

포내리 8

1.
아버지는 그가 누구인지 모른다, 다만
열일곱 이후 작은 집 양자로 연결된
연락선 타고 전쟁터에 나간 사실을 알 뿐
그 자신이 보이지 않는다

패전은 어느 날 갑자기 왔다. 살아난 자들이
서둘러 현해탄 건널 때
풍랑으로 가랑잎같이 흔들리는 연락선에
목숨 싣고, 혼령처럼 고향에 돌아와
자식들의 어쩔 줄 몰라 하거나, 아니면
양아버지의 차가운 눈빛 맞으며
자신이 살아왔다는 사실 확인하듯
날마다 논밭에 깊숙이 숨어버린다
아버지는 살아서 온 기쁨 감추고
술잔처럼 출렁이었다
그의 몸 안에서 잡아당기는 힘으로
밤마다 진저리 친다

기억하고 있는 사선을 넘어서
포내리에 닿을 때
뺨에 닿는 흙 만지며
자식의 맑은 눈빛 보았다

술 취할 때마다 발작적으로 치솟는
그의 돌연한 분노는
우리를 두렵게 했다
해가 지고 아버지의 귀가가 늦어지면
저녁밥 거르며 서둘러 잠들었던 날
새벽 닭 우는 소리 들으며
아버지는 어머니와 자주 싸웠다

2.
젊은 날 청춘을 전쟁터에 던진 울분
양자의 아내로 어린 자식 굶기지 않으려고
겉보리 찧어 먹고 산 어머니의 충돌은 잦았다

산과 들로 둘러쳐진 마을에는,
그가 알지 못하는 세계가 있다. 그는
그 속에 앉아 여든 다섯을 통해
수많은 세상살이를 흘러 보내고 있음을 본다
마을 지나는 물줄기 따라
어떤 세계의 움직임을 알지 못한다
가만히 흔들리고 있는 물살을 보며
모든 생이 하나같이 흔들리며
잔잔히 머물다가
힘겹게, 그는 흙으로 숨는다

호롱불 꺼진 마을에는, 낯익은 밤새가
사방을 깨우는 말을 듣는다
누군가 잠 못 이루고
손톱앓이 할 때
마을은 묵묵히 얼굴 들고
아침을 맞는다. 그의 오척 단신 맡긴
들밭에서 강렬한 빛의 거미줄에

무럭무럭 자라가는 오늘 이 세상을 떠나면서
뚝뚝 떨어지는 먹물로 유서를 쓰지 않았다
세상에서 마지막 숨을 들이키며
이제 어떻게 한 줌 흙이 되는 일
악몽처럼 지나간 일 두고 가는 것
남은 자들이 추스려야 할 일 뿐
아버지 그는, 완벽하지 않은 세상을 살다
본래의 곳으로 돌아갈 때
눈물도 없이 흐르는 포내리
끝까지 잠들지 않았다

포내리 10
-까마귀의 노래 3

1.
세상 안으로 뛰어들 때처럼
궁한 자궁을 뒤집는다
포내리의 일정한 무리를 이루어
꿀벌처럼 웡웡 거리면서
새떼를 찾아 갔으리
물결지어 마을의 윤곽 잡으며 주저앉는다
갈수록 찾아오는 새의 지친
눈망울 속에 갇혀 날지 못한다
그녀의 빈 자궁 속에 둥지 튼다
바람 없고 맑고 찬 아침,
비닐하우스 속에 사람을 버리고 떠난
그 어린 짐승의 시체 위에
하얗게 번지던 안개를 만난다

안개 속으로 성큼 걸어왔다 쓰러지는
어리석은 사내의 환상
이미 마음은 도회지 계집의 치마폭에

다 던져두고 도망 나온 빈껍데기 하나
낮게 엎드려 심연을 더듬는
포경처럼 가면을 벗는다

숨이 붙어 있는 것은 발버둥친다
보이지 않는 것이라 해도 소리가 있다
비닐하우스 속에서 꿈틀거리는
욕망의 숨결, 시간은 얼마 남지 않았다
시간이 다가오면 제자리로 돌아갈 틈을 찾지 못한다
그걸 너무 잘 안다
모든 현실은 살아가는 동안 균형 잡는다
죽은 자 눈빛 속에 빠져버린
늦겨울 속, 그걸 너무 모른다

2.
이렇게 천천히 온몸으로 결국
흙이 되어서 포내리는 침묵하고
집으로 들어오는 길목, 지금 아픈 것은

혼자의 상처가 아니다
수몰민의 알몸으로 돌아와
그대와 마주 앉아 있으니
까마귀여, 수십 년 전 주린 배로 헤매던
우리 땅임을 몰랐으므로 어지러웠다
나는 돌아가고 삶은 남는다
아름다운 것은 기억되지 않는다
까마귀여, 자꾸만 네 눈빛이
예사롭지 않게 그곳에 있구나

포내리 11

혼자서 건너는 강물은 무섭다
이유 없이 자꾸만, 버릇없이 뒤돌아보며
분주하게 저녁을 짓는 마을을 떠나
캄캄한 밤이 오기 전, 어머니와 누이가 서성거리는
마을길을 벗어나, 다시 돌아올 수 없는
강물처럼 끝내 자꾸만 멀어지는 마을

어둠이 완전히 마을을 덮었다
조용히 돌아앉아 문득 어머니의 풀어진 가슴을 지나서
내 어깨를 따뜻이 감싸는 온기, 세상 밖에서
바라봤던 가슴이 마구 뛰었다. 그대는 별이었다
늘, 누군가 갖고 싶었던 흔들림 없이 빛나는 뿌리
점차 수액을 뿜어 올리는 우주의 덜미를 끌어안고
이어지는 어지러운 횃불을 흔드는 너는
목마르게 핏줄을 통과하는 질긴 뿌리
분명한 어조로 다가와서 팽팽히 잡아당길 때
비겁하게 일어서는 자는 없다
무성한 숲의 분노에도,

떠나는 자보다 남는 자가 더 슬픈 것
남아서 지키는 자가 참담한 것
포내리는 말문을 닫고, 그렇게 거기 있었다
푸르게 흘러서 바다로 가는 강물처럼
흔들리지 않으면서

지상을 날아가는 소리

2015년 10월 25일 초판 1쇄 찍음
2015년 10월 30일 초판 발행

지은이 _ 이봉명
펴낸이 _ 나문석
편　집 _ 조인선
인　쇄 _ 이중완
표지디자인 _ 김옥경

펴낸곳 _ 도서출판 두엄
등록번호 _ 제03-01-503호
주소 _ (41969) 대구광역시 중구 명륜로 12길 21
대표전화 _ (053)423-2214
전자우편 _ dueum@hanmail.net

ISBN 978-89-85645-56-0 (03810)
이 도서의 국립중앙도서관 출판예정도서목록(CIP)은 서지정보유통지원시스템 홈페이지(http://seoji.nl.go.kr)와 국가자료공동목록시스템(http://www.nl.go.kr/kolisnet)에서 이용하실 수 있습니다.
(CIP제어번호: CIP2015027805)

문화체육관광부 한국문화예술위원회
* 이 책은 문화체육관광부와 한국문화예술위원회의 후원으로 발간되었습니다.